1판 1쇄 발행 | 2025년 5월 28일
1판 3쇄 발행 | 2025년 10월 10일

발행인 | 심정섭
편집인 | 안예남
편집장 | 최영미
편집자 | 박유미, 이수진
구　성 | 정다예
디자인 | 김윤미
브랜드마케팅 | 김지선
출판마케팅 | 홍성현, 김호현
제　작 | 정수호

발행처 | (주)서울문화사
등록일 | 1988년 2월 16일
등록번호 | 제2-484
주　소 | 서울특별시 용산구 새창로 221-19
전　화 | 02-791-0708(판매)　02-799-9171(편집)
인쇄처 | 에스엠그린

ISBN | 979-11-7371-427-6
　　　　979-11-7371-426-9 (세트)

ⓒTV생물도감

TV생물도감 지음

서울문화사

시작하는 글

안녕하세요. TV생물도감입니다!
생물 전문 크리에이터로서 대한민국 곳곳을 돌아다니며 다양한 생물을
만나고 있습니다. 탐사를 하며 발견하는 생물들은 모두 반갑지만,
외래생물은 환경에 피해를 줄 수 있어 걱정이 되기도 합니다.

이 책은 우리나라에 정착한 다양한 외래생물과 생태계 교란종에 대해
소개하고, 그들이 우리 생태계에 어떤 영향을 미치는지, 얼마나 큰 피해가
있는지 알려 줍니다.

이 책을 통해서 우리 생태계에 낯선 생물이 나타나면 경각심을 갖고,
생태계의 일원으로서 우리가 어떤 행동을 해야 하는지 고민하는 계기가
되길 바랍니다.

TV생물도감을 사랑해 주시는 구독자 여러분,
그리고 이 책을 펼쳐 주신 여러분께
진심으로 감사드립니다.
앞으로도 생물과 자연에 대한 흥미롭고
중요한 이야기를 계속해서
　전해드리겠습니다.

　　　　　　　　　- TV 생물도감

생물 용어 알아 두기

외래생물

외래생물은 원래 살지 않던 나라에 살게 된 동물이나 식물을 뜻하며, 외래종, 도입종, 침입종, 비고유종이라고도 해요. 반대로 한 지역에 오랫동안 적응하여 살아가는 생물 종은 고유종, 토착종이라고 해요.

노랑알락하늘소

붉은귀거북

생태계 *교란종

생태계 교란종은 외래생물 중에서 환경이나 다른 동식물에게 큰 피해를 주는 생물이에요. 환경부에서 생태계 교란종으로 지정하면 수입, 반입, 사육, 재배, 판매, 이동, 보관 등이 금지돼요.

*교란: 상황을 어지럽고 혼란하게 하는 것.

배스

귀화종

귀화종은 외래생물 중에서 오랜 시간이 지나 국내 생태계에 적응해 살아가는 생물을 말해요.

차례

시작하는 글 … 2

생물 용어 알아 두기 … 3

생태 보고서 01 역사상 가장 위험한 생태계 교란종 … 6
생태 보고서 02 포획장치에 잡힌 교란종 거북 … 12
생태 보고서 03 중국에서 온 침략자, 유리알락하늘소 … 24
생태 보고서 04 위험에 빠진 아름다운 제주도 … 32
★ 생도의 탐구노트 외래생물 … 48

생태 보고서 05 늪에 출몰한 거대한 괴물쥐 뉴트리아 … 50
생태 보고서 06 화려한 표범 무늬의 민달팽이 … 64
생태 보고서 07 대한민국의 아마존, 구피천 … 72
★ 생도의 탐구노트 탐사 준비 … 86

- 생태 보고서 **08** 하천을 위협하는 괴물 황소개구리 … 88
- 생태 보고서 **09** 새빨간 집게의 미국가재 … 100
- 생태 보고서 **10** 무한 번식하는 미스터리 가재 … 112
- 생태 보고서 **11** 외래 어종과의 끝나지 않은 전쟁 … 118

- ★ 생도의 탐구노트 탐사 장소 … 132

초등 과학 교과 연계
- 3-1 동물의 생활
- 3-2 지구와 바다
- 4-1 다양한 생물과 우리 생활
- 4-2 생물과 환경

*족대: 그물로 만든 물고기를 잡는 도구.

생태 탐사 일지

대상: 늑대거북   장소: 김천시

탐사 내용
1. 늑대거북은 우리나라 토착종인 자라, 남생이의 생태를 위협한다.
2. 늑대거북은 공격적인 성격이고, 저작력이 세서 위험하다.

느낀 점
외래생물 때문에 자라, 남생이가 위협받는다는 점이 안타깝다.
늑대거북을 발견하면 환경부에 꼭 신고해야겠다.

*저작력: 이빨로 씹거나 무는 힘.

생태보고서 02

파충류 곤충류 포유류

포획장치에 잡힌 교란종 거북

TV생물도감의 탐사 영상

대상: 붉은귀거북 등   장소: 청주시, 칠곡군

무시무시한 이빨을 가진 생물은?!

방금 막 산란을 마친 거북!

"충청북도 청주에 있는 명암저수지에 왔습니다."

"오늘은 생태계 교란종 거북들을 잡아 보려고 합니다."

"날씨 너무 좋다!"

"거북 친구들이 이끼 위로 올라와서 쉬고 있네요."

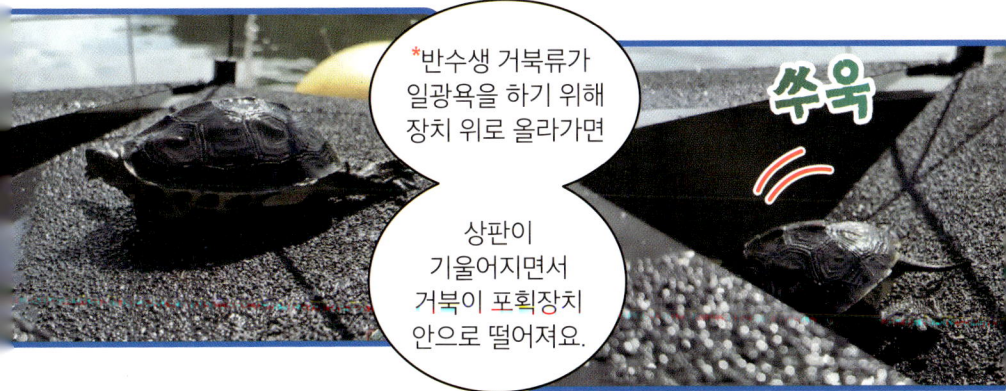

*반수생: 바다, 강, 호수 등 물과 육지를 오가며 생활하는 생물의 특징.

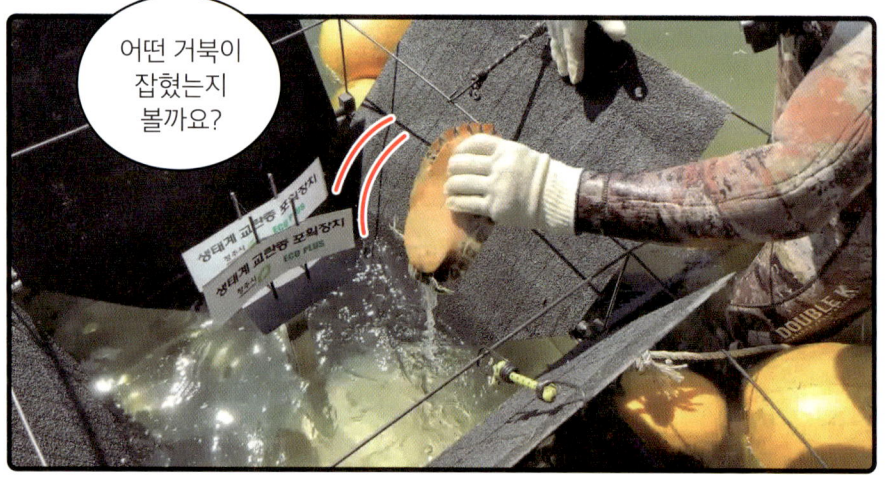

리버쿠터예요.

리버쿠터처럼 배가 노란색을 띠는 반수생 거북류는 전 종이 생태계 교란종이에요.

내려놔!

발톱이 짧은 걸 보니 암컷이네요.

리버쿠터

앞발의 발톱 길이로 암수 구분이 가능한데, 수컷은 암컷보다 발톱이 훨씬 길어요.

수컷

암컷

길쭉

매우 긴 발톱을 가진 수컷!

붉은귀거북이 2001년에 생태계 교란종으로 지정되어 수입, 분양 등이 금지되면서 리버쿠터의 수입량이 급속도로 늘어났어요.

리버쿠터도 2020년에 생태계 교란종으로 지정되면서 유기되는 사례가 많아졌다고 해요. 이곳도 리버쿠터가 많이 잡히네요.

날 버리지 마!

중국줄무늬목거북이에요. 우리나라 토종 거북인 남생이와 *교잡이 가능해 유전적 교란을 일으킬 수 있어서 생태계 교란종으로 지정되었어요.

이 친구 역시 배가 노란색이에요.

중국줄무늬목거북

*교잡: 서로 다른 두 생물 종이 교배하는 것.

얼굴에 붉은색 선이 있어서 붉은귀거북이라고 불러요. 가장 먼저 생태계 교란종으로 지정된 거북류죠. 태어난 지 얼마 안 된 개체같아요.

앙증

내 붉은색 무늬 예쁘지?

붉은귀거북

큼직

엄청 큰 플로리다붉은배거북 수컷이 잡혔어요. 이름처럼 붉은 배가 굉장히 인상적이에요.

플로리다붉은배거북

*통발: 그물로 만든 물고기를 잡는 도구.

통발 하나로 아주 많이 잡았어요.

한 가 득

산란을 모두 마친 거북이 뒷다리를 이용해 알 위에 흙을 덮고 있어요.

휙
휙

한번 파 보겠습니다.

와아, 방금 낳은 알이에요.

거북은 알에서 태어나는 난생 동물이에요. 바다거북, 육지거북, 늪거북(반수생 거북) 모두 육지에 땅을 파서 알을 낳은 후 흙이나 모래, 나무 등으로 덮어요. 새끼 거북은 태어나자마자 혼자 살아가요.

붉은귀거북은 알을 10~15개 정도 낳아요. 지금 산란 직후라서 점액질이 그대로 묻어 있어요.

생태계 교란종의 알이기 때문에 알을 폐기하겠습니다.

이렇게 동그란 모양으로 땅을 파고 알을 차곡차곡 쌓아 놓습니다. 정말 신기하죠?

동그란 모양으로 땅을 파는 거북

생태 탐사 일지

대상: 붉은귀거북 등   장소: 청주시, 칠곡군

 탐사 내용
1. 거북의 앞발 발톱이 길면 수컷, 짧으면 암컷이다.
2. 거북은 땅을 파서 알을 낳고, 흙으로 덮어 알을 숨긴다.

 느낀 점
플로리다붉은배거북의 이빨과 붉은귀거북의 붉은 무늬가 기억에 남는다. 멋진 외래종 반려동물을 유기하는 일이 줄어들면 좋겠다.

생태보고서 03

파충류 포유류 어류

중국에서 온 침략자, 유리알락하늘소

TV생물도감의 탐사 영상

대상: 유리알락하늘소   장소: 부산광역시

자연을 위협하는 생물!

포획하기 위해 직접 나선 생도!

오늘은 부산의 한 수변공원에 왔어요.

최근 이곳에 중국에서 넘어 온 하늘소가 많은 피해를 주고 있다고 해요.

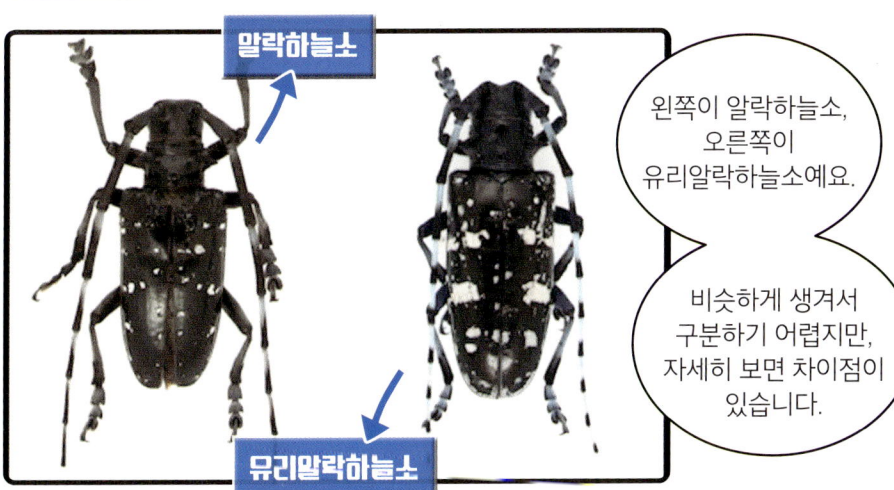

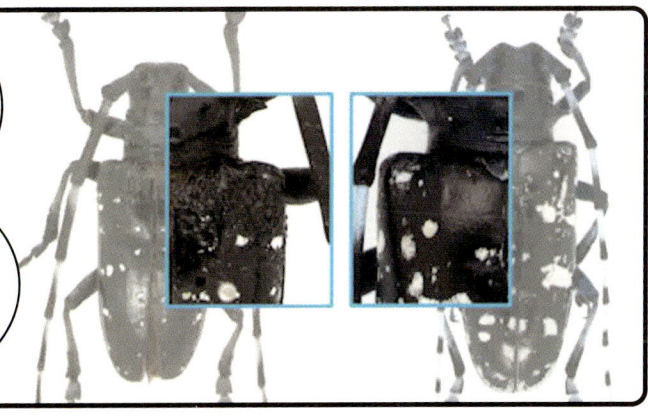

자료 제공: 서울대학교 이승현 박사

26 *유충: 알에서 나온 후 아직 다 자라지 않은 벌레로, 애벌레를 뜻함.

*DNA: 생물의 몸과 특징을 만드는 유전 정보가 담긴 곳.

유리알락하늘소는 원래 국내에 서식했지만, 다른 DNA를 가진 중국 유리알락하늘소가 유입되어 큰 피해를 주고 있어요.

같은 생물 종이어도 새로운 유전적 특성을 가진 종이 나타나면 생태계에 피해를 줄 수 있습니다.

우리가 해충이라니!

우리나라에 약 350종의 하늘소가 서식하는데, 모두 다 해충은 아니에요. 살아 있는 나무를 가해하는 종도 있지만, 죽은 나무를 먹는 종도 있어요. 살아 있는 나무를 가해하면서 피해 정도가 심한 하늘소만 해충으로 분류해요.

유리알락하늘소가 산란한 흔적이 있는데 이 안에 알이 있는지 확인해 볼게요.

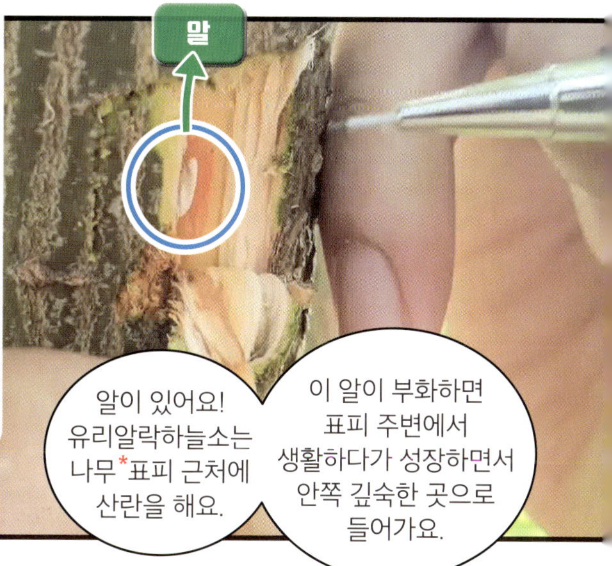

알

알이 있어요! 유리알락하늘소는 나무*표피 근처에 산란을 해요.

이 알이 부화하면 표피 주변에서 생활하다가 성장하면서 안쪽 깊숙한 곳으로 들어가요.

*표피: 나무의 표면을 덮고 있는 부분.

29

해충 약을 쳐도 나무 속 유충들은 *방제가 불가능하고, 다른 생물에게 피해가 가기 때문에 약으로는 퇴치하기 어려워요.

그래서 보이는 대로 잡아야 합니다.

이거 놔!

유리알락하늘소를 손으로 잡을 때는 조심해야 해요.

나무를 물어뜯는 친구라 턱 힘이 강하고 머리카락도 자를만큼 날카로워서 물리면 굉장히 아파요.

놓으랬지!

콰악

턱 힘이 강한 유리알락하늘소!

*방제: 해충을 예방하는 것.

| 대상: 유리알락하늘소 | 장소: 부산광역시 |

1. 중국에서 온 유리알락하늘소가 생태계에 문제를 일으킨다.
2. 유리알락하늘소는 나무속을 갉아먹어서 나무에 큰 피해를 준다.

어떤 생물이 생태계에 유입되는지 빠르게 파악하고 대처할 수 있도록 자연 환경에 꾸준히 관심을 가져야겠다.

위험에 빠진 아름다운 제주도

생태보고서 04 | 곤충류 | 포유류 | 어류

대상: 노랑알락하늘소   장소: 제주도

TV생물도감의 탐사 영상

역대급 외래생물 발견!
제주도를 구하라!

안녕하세요. 생물도감입니다! 제주도에서 말도 안 되는 외래생물이 발견되고 있다고 해요.

과연 어떤 생물을 만나게 될까?

이 생물이 제주도에 유입되어서 팽나무를 *기주로 삼아 번식하고 있대요.

오늘 만날 친구의 딱지날개가 떨어져 있네요.

팽나무에서 무섭게 번식하는 중!

딱지날개

탈출공

탈출공이 있어요. 나무속에 살던 애벌레가 성충이 되어 나무속에서 빠져나오며 생긴 구멍이에요.

탈출공이 손가락 하나가 다 들어갈 정도로 커요.

재작년에 만들어졌다고 추정되는 탈출공이 있어요. 이 생물이 제주도에 정착한 지 3년 이상 된 것 같아요.

쏘옥

*기주: 기생하는 생물에게 먹을 것이나 사는 곳을 제공하는 생물.

이 나무는 결국 *고사되었네요.

앙상하게 뼈대만 남은 나무

제주도가 아열대성 기후로 변하고 있어서 해외 열대성 곤충들이 정착하기 쉬운 환경이 되고 있어요.

제주도, 살기 좋아!

이만큼이나 채집했어요.

해충이라 안타깝지만 우리나라에서 이렇게 거대하고 멋있는 곤충을 관찰할 수 있다니 놀라운 경험이었어요.

*고사: 나무나 풀이 말라서 죽음.

제주도에 다시 방문했어요!

노랑알락하늘소가 있을까?

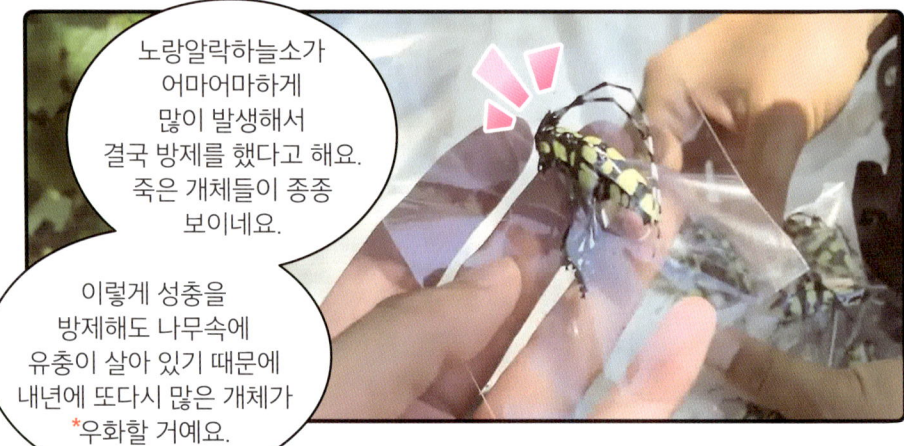

노랑알락하늘소가 어마어마하게 많이 발생해서 결국 방제를 했다고 해요. 죽은 개체들이 종종 보이네요.

이렇게 성충을 방제해도 나무속에 유충이 살아 있기 때문에 내년에 또다시 많은 개체가 *우화할 거예요.

약을 뿌린다고 해서 100% 죽는 게 아니기 때문에 살아 남은 개체들도 보이네요.

휴, 큰일날 뻔 했네!

*우화: 번데기가 성충이 됨.

성충도 나무에 피해를 주지만 더 큰 문제는 유충이에요.

유충들이 나무속을 난장판으로 만들기 때문에 피해가 굉장히 커요.

그럼 유충을 잡으라고!

해충이지만 그래도 멋있네요.

배는 부끄러워!

노랑알락하늘소가 다른 지역으로 퍼지지 않도록 주의가 필요해요. 노랑알락하늘소를 채집했다면, 그 자리에서 바로 퇴치하고, 새로운 지역에서 발견한 경우 환경청이나 국립생태원에 신고해야 돼요. 비슷하게 생긴 국내종일 수도 있기 때문에 신중하게 처리해야 해요.

대상: 노랑알락하늘소   장소: 제주도

1. 노랑알락하늘소는 크고 선명한 노란 반점이 있다.
2. 성충은 강한 턱으로 나무의 표피를 갉아 먹어 피해를 준다.

신기한 무늬가 있는 노랑알락하늘소!

멋진 곤충이지만, 다른 지역에는 확산되지 않았으면 좋겠다.

생도의 탐구노트

오늘의 주제: 외래생물

외래생물은 어떻게 우리나라에 들어왔을까요?

뉴트리아, 배스처럼 사육, 연구 등의 목적으로 수입했다가 방사된 외래생물이 있어요. 또한 거북, 구피처럼 반려동물로 해외에서 데려왔다가 유기되는 경우도 있지요. 작은 곤충이나 식물은 해외에서 가져오는 물품, 배 등에 붙어서 아무도 모르게 들어올 수도 있대요.

외래생물은 모두 생태계에 나쁜 영향을 줄까요?

새로운 생물이 생기고, 생태계가 변화하는 것은 자연스러운 일이에요. 모든 외래생물이 우리 생태계에 나쁜 영향을 주는 것도 아니에요. 하지만 어떤 생물은 환경을 빠르게 변화시켜서 균형을 깨뜨려요. 천적이 없어서 외래생물의 수가 너무 많아지기도 하고, 고유종의 터전을 위협하기도 해요.

생태계에 나쁜 영향을 주는 외래생물은 어떻게 해야 할까요?

생태계에 나쁜 영향을 주는 외래생물은 환경부에서 생태계 교란종으로 지정해요. 생태계 교란종은 수입, 사육 양도, 보관, 운반 등이 금지돼요. 현재 생태계 교란종 지정 현황은 '한국 외래생물 정보시스템' 홈페이지에서 확인할 수 있어요.

생도가 찍은
생생한 사진!

TV생물도감

플로리다붉은배거북
Pseudemys nelsoni

뉴트리아
Myocastor coypus

미국가재
Procambarus clarkii

범무늬뾰족민달팽이
Limax maximus

탐사네컷

늪에 출몰한 거대한 괴물쥐 뉴트리아

생태보고서 05 | 포유류 | 곤충류 | 어류

TV생물도감의 탐사 영상

대상: 뉴트리아 장소: 창녕군, 경산시

교란종 중 유일한 포유류!

괴물쥐를 잡으러 출동한 생포!

이곳은 우포늪이에요. 넓은 면적만큼이나 다양한 철새들과 크고 작은 동식물들이 살아가는 생태적으로 아주 중요한 장소죠.

우포늪은 천연기념물 제524호, *람사르 습지로 지정되어 국제적인 보호를 받고 있어요.

국내 최대의 자연 습지!

*람사르 습지: 생물지리학적 특성이나, 희귀동물 서식지로서 중요성이 높아 람사르협회에서 지정한 습지.

생물 다양성이 풍부한 우포늪이 최근에 여러 외래 생물로 몸살을 앓고 있대요.

우포늪에 정착한 다양한 외래종!

배스

블루길

낙동강에서 빠르게 번식한 외래종들이 낙동강과 물길이 이어진 우포늪으로 유입되어 정착했어요.

붉은귀거북

황소개구리

현재는 외래 어종인 배스와 블루길은 물론 외래 양서 파충류인 황소개구리와 붉은귀거북, 외래 곤충인 꽃매미 그리고 외래 식물인 돼지풀과 가시박까지 퍼지면서 우포늪 토종 생물의 다양성을 심각하게 위협하고 있습니다.

꽃매미

돼지풀

가시박

*알비노: 피부, 털, 눈 등에 색소가 형성되지 않아 하얀색으로 나타난 생물.

뉴트리아의 흔적이 남아 있는 곳에 트랩을 설치했어요.

저녁에 와서 트랩을 확인해 볼게요.

그날 저녁

뭔가 움직이고 있어요!

순식간에 사라지는 생물!

땅이 젖어 있어요. 뉴트리아가 왔다 간 걸까요?

멀리서 반짝이는 눈이 보였지만 도저히 잡을 수가 없네요. 내일 다시 올게요.

이빨 보이죠? 누런색 이빨이 뉴트리아의 특징이에요! 이빨이 엄청 강력해서 손가락을 물리면 굉장히 아프기 때문에 조심해야 해요.
물리기 싫으면 풀어줘!
물리지 않도록 조심해야 해요!

꼬리를 잡고 들어 보니 엄청 무거워요.
묵
직

꽈악

굴속으로 숨어!

뉴트리아들이 도망가려고 하네요. 풀숲에 있으니까 잘 안 보이죠?

실제로 보면 사나운 느낌은 아니에요. 온순해 보이고, 귀엽게 생겼어요. 하지만 우리 생태계에 큰 피해를 주는 생태계 교란종이라는 점을 잊으면 안 됩니다.

생태 탐사 일지

대상: 뉴트리아　　장소: 창녕군, 경산시

탐사 내용

1. 생태계 교란종인 뉴트리아가 우포늪에 정착했다.
2. 뉴트리아는 식물들을 뜯어먹고, 땅을 깊게 파서 습지를 파괴한다.

느낀 점

노랗고 큰 이빨이 무시무시하지만, 자세히 보니 귀여웠다.
외래생물을 들여올 때는 환경에 미치는 영향을 생각해야겠다.

화려한 표범 무늬의 민달팽이

대상: 범무늬뾰족민달팽이 장소: 수원시

처음 등장한 외래생물!

민달팽이가 우글우글!

저는 지금 경기도 수원의 한 야산에 나와 있어요. 그동안 발견되지 않았던 새로운 외래생물이 발견되었다고 해서 급하게 이곳을 찾아왔습니다.

외래생물이 어디서 나타날지 모르기 때문에 긴장하면서 살펴봐야 합니다.

새로운 외래종을 찾아나선 생도!

*지의류: 버섯과 조류(작은 식물)가 서로 도우며 사는 생물.

범무늬뾰족민달팽이는 유럽과 북미에 서식하는 종으로, 수풀이나 물가에서 발견할 수 있어요. 길고 통통한 몸에 검은 점 무늬가 촘촘히 박혀있고, 최대 20cm까지 성장해요. 주로 곰팡이와 식물을 먹고 살아요.
풀에도 붙어 있네요. 우리나라에 들어온 과정은 알 수 없지만 경제 활동이나 생활 속에서 자연스럽게 유입된 것 같아요.

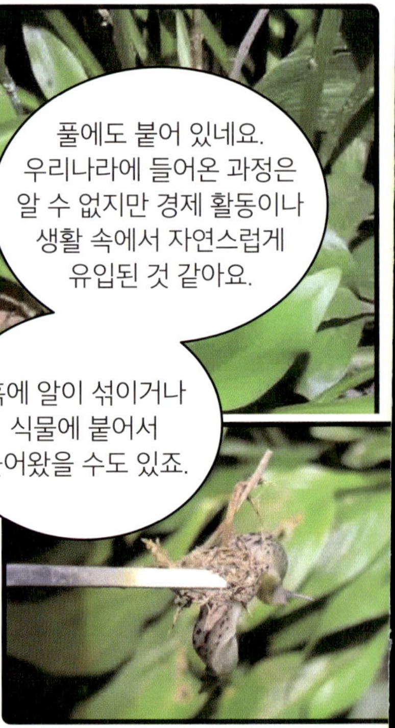
흙에 알이 섞이거나 식물에 붙어서 들어왔을 수도 있죠.

범무늬뾰족민달팽이는 배추, 상추 등 채소를 먹어서 농작물에 피해를 줄 가능성이 있어요. 미국 필라델피아주에서 농업 해충으로 분류되어 있대요. 또한 다른 민달팽이 종류를 영역에서 밀어낼 우려가 있어요.
꾸물
꾸물
개체 수가 더 많아지면 어떻게 될지 알 수 없는 상황!

점액질이
엄청 끈적거려요.
보통 달팽이가
분비하는 점액질하고
비교도 안 돼요.

마치 물풀을
발라 놓은 느낌이에요.
그래서 달팽이를 잡아먹는
생물들이 민달팽이류는
선호하지 않는대요.

끈적
끈적
이게 바로
민달팽이 몸에서 나온
점액질이에요.
이렇게 덩어리져서
나옵니다.

범무늬뾰족민달팽이는
짝짓기하는 모습이 굉장히
독특해요. 점성이 강한 점액질을
늘어뜨려서 공중에
스파이더맨처럼 매달려서
짝짓기를 해요.

내가 지나간 길은 빛이 나~.
사람들이 다니는 길가에도 보이네요. 점액질 때문에 범무늬뾰족민달팽이가 지나간 자리가 반짝반짝하게 빛나요.
톡 톡
특이한 점을 발견했어요! 핀셋으로 건드리면 앞에 등 부분을 방패처럼 확 펴요.
누가 날 건드렸어!
휙
휙

표범이 떠오르는 무늬!

채집통에 가득 모았어요.

바글

바글

앞으로 범무늬뾰족민달팽이가 우리나라 환경에 어떤 피해를 입힐 수 있고, 또 어느 지역에 퍼져 있는지 등에 대한 연구가 필요해 보여요.

생태 탐사 일지

대상: 범무늬뾰족민달팽이   장소: 수원시

탐사 내용
1. 새로운 외래종, 범무늬뾰족민달팽이가 우리나라에 정착했다.
2. 범무늬뾰족민달팽이의 점액질은 매우 끈적끈적하다.

느낀 점
숲이나 산에서 범무늬뾰족민달팽이처럼 외래생물으로 의심되는 생물을 발견하면 사진을 찍어 환경부에 제보해야겠다.

니그로라는 친구도 잡혔어요. 시클리드답게 엄청 난폭해요.

이거 놔!

컨빅트 시클리드(니그로)

짧은 시간 동안 다양한 크기의 비파를 잡았어요.

*흡착판: 물건을 벽이나 다른 물건에 붙어 있게 하는 판.

비파는 많은 양의 유목과 수풀들을 먹어치워서 환경에 피해를 줄 수 있어요.

다행히 비파는 10도 이하의 수온에서는 살지 못해서, 구피천을 벗어나면 생존하기 어려워요.

수풀은 내가 다 먹어치울거야!

생태 탐사 일지

대상: 구피, 비파 등   장소: 이천시

 탐사 내용

1. 구피는 개체마다 다양한 색을 가졌고, 번식력이 매우 뛰어나다.
2. 비파는 입이 빨판처럼 생겨서 벽에 달라붙을 수 있다.

 느낀 점

우리나라 하천에 열대어가 살 수 있다는 게 신기하면서도 생태계에 문제가 생기지 않을지 걱정된다.

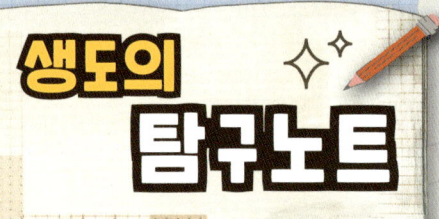

오늘의 주제: 탐사 준비

 탐사를 가기 전에 무엇을 해야 할까요?

탐사를 가기 전에 가장 먼저 할 일은 부모님께 탐사를 가고 싶다고 말씀 드리는 거예요. 혼자 하천이나 숲에 들어가면 위험하므로 꼭 부모님이나 어른과 함께 가야 해요.

 탐사에 무엇을 가져가면 좋을까요?

편한 옷과 모자, 운동화를 준비해요. 망원경이나 돋보기를 가져가면 생물을 더 자세히 볼 수 있을 거예요. 관찰한 장소나 생물을 기록할 수 있는 수첩과 볼펜, 카메라를 가져가는 것도 좋아요.
하늘소, 열대어처럼 직접 채집해 볼 수 있는 생물이라면 뜰채, 족대, 채집통 등 필요한 채집 도구도 챙겨 보아요.

 탐사를 가기 전에 꼭 알아야 할 점이 있을까요?

야생 생물에게 가까이 다가가거나 야생 생물을 맨손으로 만지면 물리거나 다칠 수 있으니 조심해야 해요.

생도가 찍은 생생한 탐사 기록!

TV생물도감

햇볕을 가릴 모자를 써요!

뜰채로 구피를 잡아요!

맨손으로 만지면 다칠 수 있어요.

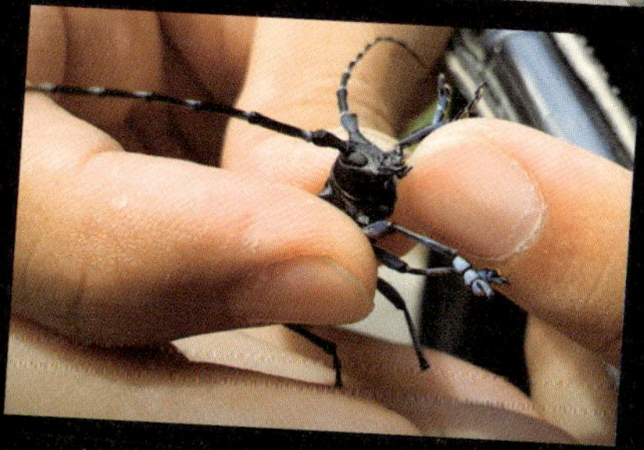

채집통을 사용해요!

탐사네컷

하천을 위협하는 괴물 황소개구리

대상: 황소개구리   장소: 충청도

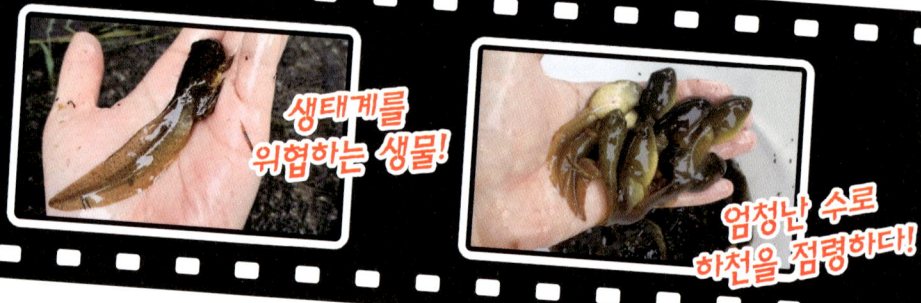

생태계를 위협하는 생물!

엄청난 수로 하천을 점령하다!

이곳은 충청도의 한 호수예요. 오늘은 황소개구리를 관찰하러 왔어요. 황소개구리는 1990년대 우리나라의 강과 호수에서 빠른 속도로 번식하여 국내 생태계에 큰 피해를 입힌 외래생물이에요.

지금은 개체 수가 많이 줄었다고 하는데, 사실인지 알아보기 위해 직접 탐사를 왔습니다.

두 번째 탐사 장소는 산 중턱에 있는 아담하고 예쁜 연못이에요. 가장자리에 자리잡은 수생 식물과 수면 위를 빼곡이 덮고 있는 *마름들로 개구리들이 살기에 더없이 좋은 환경이네요.

예쁘게 자리잡고 있는 연못

족대로 잡아 볼게요.

우아~. 정말 많이 잡혔어요!

황소개구리 올챙이들이 엄청 많아요!

좌라락

*마름: 연못이나 늪에 자라며 물 위에 뜨는 풀.

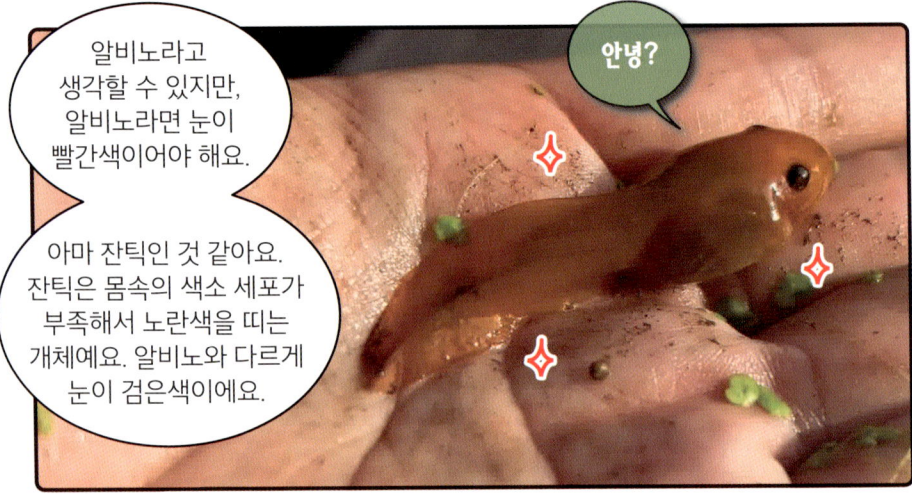

큰 올챙이들을 정말 많이 잡았어요.

우글

우글

여긴 어디지?

황소개구리는 주변 환경에 따라서 엄청 커지기도 해요. 이 올챙이들도 더 커질 거예요.

내 뒷다리 소중해!

양증

이 개체는 뒷다리가 막 자라고 있네요.

꼬리만 들어가면 완전한 개구리가 되는 개체도 있어요.

조금만 기다려!

개구리가 되기 직전의 모습!

태어난 지 얼마 안 된 작은 개체는 토종 올챙이랑 헷갈릴 수 있어요. 몸의 무늬로 구분할 수 있는데, 황소개구리 올챙이의 몸에는 전체적으로 검은 점들이 있어요.

검은 점이 있는 황소개구리 올챙이

생태 탐사 일지

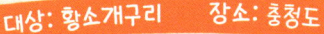
대상: 황소개구리　　장소: 충청도

탐사 내용

1. 황소개구리 올챙이는 토종 올챙이에 비해 매우 크고, 몸에 반점이 있다.
2. 황소개구리는 성체가 되는 데 2년 정도가 걸린다.

느낀 점

어른 손바닥만큼 큰 올챙이가 호수, 연못에 가득한 것을 보며 생태계의 균형을 지키는 일이 얼마나 중요한지 느꼈다.

*유속: 물이 흐르는 속도

미국가재들의 *체장과 무게를 측정해서 기록해요.

이 개체는 수컷이고, 몸의 길이는 96mm, 무게는 36.1g이네요.

쭈 욱

굉장히 멋진 생물인데, 생태계 교란종이라니 안타깝네요.

미국가재는 미국과 멕시코에 서식하는 가재로, 붉은가재라고도 해요. 짙은 붉은색을 띠며, 성체가 되면 몸통과 집게에 울퉁불퉁한 돌기가 생겨요. 집게를 포함한 몸 길이는 10~15cm로 민물가재 중 큰 편이에요.

미국가재

집게발과 색 외에도 암수를 구분하는 방법이 있어요.

왼쪽이 수컷이고, 오른쪽이 암컷인데 차이점이 보이나요?

수컷

암컷

*체장: 동물의 몸의 길이.

103

*가재페스트: 가재류를 감염시킬 수 있는 물곰팡이.

수컷이 확실히 집게가 크고 길쭉길쭉해요. 미국가재는 집게랑 몸이 전체적으로 붉지만, 집게가 떨어진 개체나 암컷은 색이 어두워서 토종 가재로 착각하는 경우가 많아요.

그런 경우에는 몸통이나 집게발에 돌기가 있는지 확인하면 됩니다. 몸통과 집게발에 오돌토돌한 돌기가 있으면 미국가재예요.

오돌토돌한 돌기가 있는 집게발!

생태 탐사 일지

대상: 미국가재   장소: 나주시

 탐사 내용

1. 미국가재는 짙은 붉은색을 띠며, 토종 가재보다 크다.
2. 미국가재는 집게발과 몸통에 오돌토돌한 돌기가 있다.

 느낀 점

미국가재가 토종 생물들에게 병균을 옮길까 봐 걱정된다.
지속적으로 관찰해서 생태계에 미치는 영향을 조사해야겠다.

마블가재는 수컷 없이 번식하는 단성생식이 가능해서 미스터리가재라는 별명이 붙었어요. 1995년에 처음 발견되어 많은 연구가 이루어진 생물이에요. 한 마리만 있어도 번식이 가능하기 때문에 2015년에 *위해우려종으로 지정되어 반입이 금지되었어요.

*위해우려종: 국내에 유입될 경우 생태계에 위해를 미칠 우려가 있는 외래생물.

앗! 배에 알이랑 막 부화한 치가재들이 붙어 있어요.

마블가재는 진창가재에서 발생한 *돌연변이예요. 진창가재는 다른 동물들처럼 짝짓기를 해야 알을 낳을 수 있는데, 1995년에 진창가재를 키우던 독일의 한 수족관에서 짝짓기 없이 알을 낳을 수 있는 돌연변이 개체가 발견되었어요.

내 배를 보다니!

진창가재와 다른 종으로 인정받아 마블가재라는 이름으로 불리게 되었어요. 마블가재가 우리나라에도 살고 있다는 게 신기하면서도, 빠르게 번식할 수 있는 종이라서 걱정이 됩니다

*돌연변이: 어떤 생물 종에서 몸의 특징이 크게 다른 개체.

"이곳에는 줄새우, 새뱅이새우 등의 갑각류가 많이 살아요. 마블가재가 미국가재와 습성이 비슷하기 때문에 새우, 다슬기 등 토종 생물을 잡아먹어서 생태계에 피해를 입힐 가능성이 커요."

"혹시라도 가재페스트를 확산시킨다면 엄청난 피해를 줄 수도 있죠."

심각한 피해를 일으킬 수 있는 외래생물!

"잘 지켜보라구!"

"마블가재는 단 한 마리만 남아도 번식하기 때문에 완전한 퇴치가 굉장히 어렵습니다. 그래서 키우시는 분들이 꼭 유의해 주셨으면 좋겠습니다."

생태 탐사 일지

대상: 마블가재   **장소: 부산광역시**

 탐사 내용
1. 마블가재는 미국가재와 비슷하게 생겼고, 대리석 무늬가 있다.
2. 마블가재는 암컷 혼자서 번식하는 단성생식을 한다.

 느낀 점
혼자서도 번식하는 가재라니! 한 마리만으로도 순식간에 퍼질 수 있으니 새로운 지역에 유입되지 않도록 주의해야겠다.

암컷 배스가 둥지에 알을 낳으면 수컷 배스는 그 알을 돌봐요. 알이 부화하고나서도 새끼들이 스스로 먹이 활동을 하며 살아갈 수 있는 3~5cm 정도로 성장할 때까지 새끼들을 돌본대요. 그래서 큰입배스는 생존율이 높아요.

새끼를 돌봐야지!

큰입배스는 큰입우럭이라고도 부르며, 입이 아주 큰 민물고기예요. 토종 물고기와 그 알, 개구리, 등 입에 들어가면 무엇이든 먹어치워요. 약 60cm로 성장하는 대형종이에요.

육아를 하는 수컷 배스

사람이 직접 물속에 들어가 진동을 일으켜 배스를 유인해요. 이런 방법을 수중 유인 선별 포획 방법이라고 해요.

여러 물고기가 모이면 큰입배스를 선별해서 포획합니다.

예전에는 2.5~3kg 정도의 큰 개체들이 많았는데, 큰 개체들 위주로 포획하다 보니까 지금도 평균 2kg 정도가 많대요.

물속에 들어가면 산란에 임박한 큰 개체들을 선별해서 잡을 수 있어서 개체 수를 줄이는 데 효과적이에요.

또한 산란이 끝나고 둥지를 지키는 수컷 배스를 포획해서 알이 부화되는 것을 막을 수 있어요.

오늘 이렇게 많은 배스를 잡았어요. 힘들지만 매우 뿌듯하네요.

생태계 교란종의 개체 수가 감소해서 토종생물들이 더이상 피해받지 않고, 우리나라 생태계가 안정을 찾으면 좋겠습니다.

생태 탐사 일지

대상: 큰입배스   장소: 남양주시, 광양시

탐사 내용

1. 배스, 블루길은 식용 목적으로 우리나라에 수입되었다.
2. 큰입배스는 약 60cm의 대형 민물고기이다.

느낀 점

블루길, 큰입배스 등 생태계 교란종의 개체 수가 감소해서 생태계가 다시 안정을 찾으면 좋겠다.

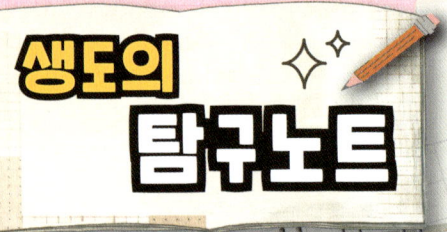

오늘의 주제: 탐사 장소

명암유원지는 천연기념물 원앙, 수달이 서식하는 아름다운 저수지예요. 붉은귀거북, 플로리다붉은배거북 등 외래종 거북 4종과 배스, 블루길 등 외래 어종을 관찰할 수 있어요.

삼락생태공원은 부산 낙동강 옆으로 펼쳐진 공원이에요. 철새를 위한 습지, 맹꽁이 서식지 등이 조성되어 있어요. 버드나무 군락지에 유리알락하늘소가 번식하여, 피해를 입은 나무들이 발견되었어요.

죽당천은 구피가 많아서 구피천이라고도 부르는 곳이에요. 누군가 유기한 구피들이 빠르게 번식했고, 근처 공장에서 방류한 폐수 때문에 겨울에도 수온이 높아 구피들이 생태계를 이루었어요. 구피, 플레코, 시클리드 등 다양한 열대어들이 살고 있어요.

지석천은 멸종위기종인 호사비오리와 천연기념물인 귀이빨대칭이가 서식하는 하천으로, 드들강이라고도 불러요. 생태계 교란종인 미국가재, 배스, 블루길 등이 서식해요.

생도가 찍은 아름다운 탐사 장소!

- 명암유원지
- 삼락생태공원
- 주당천
- 지석천(드들강)

TV생물도감

탐사네컷

강아지 리리 고양이 삼색이와 함께 하는 행복한 이야기

©BEMYPET 구입문의: 02-791-0708 서울문화사

생생한 사진으로 만나는 초강력 배틀
생물 배틀 도감 시리즈

160p / 각 권 정가 14,000원

인기 생물 유튜버
TV생물도감의 강력 추천!

1 생생한 사진

2 흥미진진 배틀

3 신기한 생물 탐구

구입 문의: 02-791-0708 서울문화사